Pe. ANTONIO CARLOS VANIN BARREIRO, C.Ss.R.

A Música e o Canto na Liturgia da Igreja

EDITORA
SANTUÁRIO

DIREÇÃO EDITORIAL:
Pe. Fábio Evaristo R. Silva, C.Ss.R.

CONSELHO EDITORIAL:
Cláudio Anselmo Santos Silva, C.Ss.R.
Ferdinando Mancilio, C.Ss.R.
Gilberto Paiva, C.Ss.R.
José Uilson Inácio Soares Júnior, C.Ss.R.
Marcelo da Rosa Magalhães, C.Ss.R.
Victor Hugo Lapenta, C.Ss.R.

COORDENAÇÃO EDITORIAL:
Ana Lúcia de Castro Leite

COPIDESQUE:
Bruna Vieira da Silva

REVISÃO:
Sofia Machado

PROJETO GRÁFICO, DIAGRAMAÇÃO E CAPA
José Antonio dos Santos Junior

Dados Internacionais de Catalogação na Publicação (CIP) de acordo com ISBD

B271m	Barreiro, Antonio Carlos Vanin
	A música e o canto na liturgia da Igreja / Antonio Carlos Vanin Barreiro. - Aparecida, SP : Editora Santuário, 2020. 88 p. ; 12,5 cm x 17,5 cm. Inclui bibliografia e índice. ISBN: 978-85-369-0629-4 1. Cristianismo. 2. Canto. 3. Liturgia. 4. Música. I. Título.
2020-132	CDD 240 CDU 24

Elaborado por Vagner Rodolfo da Silva - CRB-8/9410

Índice para catálogo sistemático:
1. Religião : Cristianismo 240
2. Religião : Cristianismo 24

1ª impressão

Todos os direitos reservados à **EDITORA SANTUÁRIO** — 2020

Rua Padre Claro Monteiro, 342 — 12570-000 — Aparecida-SP
Tel.: 12 3104-2000 — Televendas: 0800 16 00 04
www.editorasantuario.com.br
vendas@editorasantuario.com.br

Dedicatória

Àqueles e àquelas que, no Ministério da Liturgia e do Canto,
fazem das celebrações de suas Comunidades
momentos de alegria e louvor, festa de irmãos,
encontro com o inefável mistério de Deus.

INTRODUZINDO

Há mais de 40 anos no exercício do ministério pastoral, sempre acreditei que a música e o canto são da máxima importância em nossas celebrações litúrgicas. Costumo dizer para aqueles e aquelas que se dedicam ao canto: "A música é a alma da Liturgia". Essa afirmação soa um tanto ousada porque, na verdade, a alma da Liturgia é o Espírito Santo que, em nós e por nós, glorifica o Pai por Jesus Cristo. Contudo, se tudo aquilo que brota em nós para o louvor de Deus é ação do Espírito, podemos então dizer que a música e o canto são a manifestação mais íntima e profunda do Espírito Santo em nós.

O Universo é uma sinfonia de infinitas cores e sons. A Criação inteira canta a glória de Deus. Cantam os astros e as estrelas, cantam o vento e as águas do mar, cantam as árvores e as florestas, cantam os pássaros e as aves do céu. Cantam também o homem e a mulher. A música é uma das mais autênticas expressões do "humanum". Cantada em todas as línguas, ela faz parte da vida de todos os povos e culturas, mesmo as mais primitivas. A música transforma em harmonia os sons do Universo e faz do nosso canto um hino de louvor a Deus.

Por que cantamos em nossas celebrações? Por que a Liturgia da Igreja, além de ritos e palavras, sempre foi feita de música e canto? A esta pergunta, a Irmã Míria Kolling, de saudosa memória, autora de inúmeras músicas para nossas celebrações, responde citando Santo Agostinho, um dos grandes incentivadores do canto nos primeiros séculos da Igreja: "Santo Agostinho afirmou certa vez: 'Se queres saber o que cremos, vem ouvir o que cantamos'. O mesmo santo nos diz que 'cantar é próprio de quem ama'. E ainda diz: 'Cantar é rezar duas vezes'. Essas três afirmações bastariam para fundamentar o porquê de nosso canto na Liturgia. Cantamos porque amamos. Cantamos porque cremos. Cantamos porque o Senhor é nossa festa. A Liturgia é uma festa. E não há festa sem música. Daí a importância do canto em nossas celebrações. Não um canto qualquer, apenas como enfeite ou algo secundário, mas como parte integrante da celebração, por isso é um canto chamado litúrgico, ministerial, que está em função da Palavra e do Mistério celebrado, cujo centro é sempre Jesus Cristo, nossa Páscoa, isto é, sua vida, sua paixão, sua morte e ressurreição, à luz do qual vivemos também nossas mortes e ressurreições".[1]

---

[1] Kolling, Míria. *Sustentai com arte a louvação:* a música a serviço da Liturgia. Editora Ave Maria. São Paulo, 1982.

Padre Gelineau, liturgista e um dos mais consagrados autores modernos da música litúrgica, afirma: "A música desperta no homem a inquietude pelo Infinito, o desejo da Beleza, do Amor, a ânsia pela Plenitude, e torna-se assim um sinal de Deus e o caminho mais curto para o encontro com Ele".[2]

Meu propósito, com este livro, é oferecer àqueles e àquelas que se dedicam à música e ao canto na Liturgia as orientações do Magistério da Igreja. Para isso recorri aos documentos que, a partir do Movimento de Renovação Litúrgica da primeira metade do século XX, deram suporte histórico e teológico à constituição dogmática *"Sacrosanctum Concilium"* do Concílio Vaticano II, que traçou as grandes linhas da renovação litúrgica para nossos tempos. Dentre esses documentos, estão o *"motu proprio"*, do papa Pio X, *"Tra le sollecitudini"* (1903); a constituição apostólica do papa Pio XI *"Divini Cultus"* (1928); a encíclica do papa Pio XII *"Musicae Sacrae Disciplina"* (1955); e a instrução da Sagrada Congregação dos Ritos *"Musicam Sacram"*, sobre a Música Sacra e a Sagrada Liturgia (1958).

Com os documentos da Cúria Romana, procurei me pautar também pelas orientações da Conferência Nacional dos Bispos do Brasil que, no esforço de responder à renovação do Concílio Vaticano II, publicou, em 1976, o documento "Pastoral da música litúrgica no Brasil" (cf. Documentos da CNBB n.

---

[2] Gelineau, Joseph. *A música como caminho de espiritualidade*. Revista "Grande Sinal". Editora Vozes, 1985.

7) e, mais recentemente, em 1998, publicou um estudo, resultado de quatro anos de pesquisas, encontros e estudos de liturgistas e compositores brasileiros: "A música litúrgica no Brasil" (cf. Estudos da CNBB n. 79).

Além dos documentos do Magistério, pesquisei autores e liturgistas que tratam dessa questão. Assim, espero contribuir para o fecundo e seguro desempenho de um serviço litúrgico tão importante como é o Ministério da Música e do Canto em nossas celebrações litúrgicas.

A MÚSICA NA VIDA DO POVO DE ISRAEL

A música e o canto sempre estiveram presentes na vida orante e litúrgica de nossa tradição de fé. A Bíblia traz mais de 600 citações e referências sobre isso. Gênesis, o primeiro livro da Bíblia, inicia-se com um hino à obra criadora de Deus: "No princípio Deus criou o céu e a terra" (Gn 1,1). Apocalipse, o último dos livros, encerra a história descrevendo, em inúmeros cânticos e aclamações, a liturgia celeste no fim dos tempos: "Amém! O louvor, a glória, a sabedoria, a ação de graças, a honra, o poder e a força pertencem ao nosso Deus pelos séculos dos séculos! Amém!" (Ap 7,12).

Entre todos os hinos do Antigo Testamento sobressai o Cântico de Moisés. Após a libertação do jugo do Faraó, o livro do Êxodo traz o cântico entoado por Moisés e por todo o povo de Israel, em um festivo cortejo de danças, tímpanos e tamborins: "Então Moisés e os israelitas entoaram este canto a Iahweh: 'Cantarei a Iahweh, porque se vestiu de glória; ele lançou ao mar cavalo e cavaleiro. Iahweh é minha força e meu canto, a ele devo a salvação!'" (cf. Êx 15,1-20). Esse cântico é cantado ainda hoje pela Igreja, cada ano de novo, na Vigília Pascal, ponto culminante do Ano Litúrgico.

Belíssimo também é o cântico de Judite celebrando a vitória do povo sobre seus opressores, cantado ainda hoje na Liturgia das Horas: "Cantai ao Senhor com pandeiros, entoai seu louvor com tambores! Elevai-lhe um salmo festivo, invocai seu nome e exaltai-o! É o Senhor que põe fim às batalhas, seu nome glorioso é 'Senhor'! Cantemos louvores a Deus, novo hino ao Senhor entoemos!" (cf. Jt 16,1-17).

O Livro dos Salmos reúne 150 composições líricas destinadas ao canto nas celebrações do Templo e nas sinagogas. Muitos salmos contêm indicações detalhadas da melodia, dos instrumentos musicais para acompanhamento do canto, como devem ser interpretados, com instruções para o mestre de coro e para o solista. Os Salmos são como que o "livro de cantos" do Povo de Deus, cantados certamente por Maria, Jesus e os Apóstolos, e até hoje pela Igreja, que guarda essa tradição milenar de nossa fé.

A música aparece com destaque na Liturgia do Templo, quando de sua inauguração pelo rei Davi, como relata o Livro das Crônicas: "Naquele dia, Davi, louvando por primeiro a Iahweh, confiou este louvor a Asaf e a seus irmãos: 'Dai graças a Iahweh, aclamai seu nome, anunciai entre os povos seus grandes feitos. Cantai, entoai salmos para ele, narrai todas as suas maravilhas" (1Cr 16,7-9; cf. ainda 2Sm 6,5).

É o que se repete, com renovado entusiasmo, por ocasião da reconstrução do Templo e das muralhas de Jerusalém, após o Exílio na Babilônia, conforme relato de Neemias: "Por ocasião da dedicação da muralha de Jerusalém, convocaram-se os levitas de todos os lugares onde viviam para virem a Jerusalém a fim de celebrarem a dedicação alegremente com cânticos de ação de graças, ao som de címbalos, cítaras e harpas" (Ne 12,27).

Os cantos do povo de Israel certamente eram melodiosos e bonitos, admirados até mesmo por pessoas de outros povos e culturas, como transparece no Salmo 136: "Junto aos rios de Babilônia nos sentávamos chorando, com saudades de Sião. Nos salgueiros por ali penduramos nossas harpas. Pois, foi lá que os opressores nos pediram nossos cânticos; nossos guardas exigiam alegria na tristeza: 'Cantai-nos hoje para nós algum canto de Sião'. Como haveremos de cantar os cantares do Senhor em uma terra estrangeira?" (Sl 136,1-4).

Semelhantes a essas, inúmeras referências do Antigo Testamento "revelam uma rica e jubilosa Liturgia, na qual a música, o canto e a dança são elementos constitutivos e eminentes das celebrações da fé de um povo".[3]

---

[3] A Música Litúrgica no Brasil, n. 88. Estudos da CNBB n. 79.

2
A MÚSICA NA TRADIÇÃO ORANTE DA IGREJA

Enraizadas na tradição milenar do povo de Israel, as primeiras comunidades cristãs continuaram a celebrar sua fé por meio de hinos, cânticos e salmos, conforme atestam os escritos do Novo Testamento. O próprio Jesus, celebrando sua Páscoa na ceia da despedida, cantou com seus discípulos: "Depois de terem cantado o hino, saíram para o Monte das Oliveiras" (Mt 26,30; Mc 14,26). Certamente, esse hino foi o "Hallel", o grande louvor dos salmos 113-118, sempre cantado pelo povo de Israel em suas festas, especialmente na ceia pascal.

O Evangelho de Lucas traz três belos cânticos: de Maria (Lc 1,46-55), Zacarias (Lc 1,68-79) e Simeão (Lc 2,29-32). Cantando a fidelidade de Deus e a realização de suas promessas, esses hinos fazem a perfeita passagem da antiga para a nova Aliança de Deus com seu povo.

O prólogo do Evangelho de João, inspirado no relato da primeira criação (Gn 1,1-31), é um verdadeiro hino à nova criação iniciada na encarnação de Jesus, o Verbo de Deus (Jo 1,1-18).

Se percorrermos as cartas de Paulo, vamos nos surpreender com a riqueza e a beleza de inúmeros hinos e textos poéticos (Ef 1,3-14; Cl 1,12-20; 1Tm 1,17), valendo destacar os dois hinos cristológicos (Fl 2,6-11 e 1Tm 6,15-16), que atestam a rica liturgia das primeiras comunidades cristãs, feita de louvor e ação de graças. O próprio apóstolo se referiu a isso quando recomendou à comunidade cristã de Colossos: "Que a Palavra de Cristo permaneça em vocês com toda a sua riqueza, de modo que possam instruir-se e aconselhar--se mutuamente com toda a sabedoria. Inspirados pela graça, cantem a Deus, de todo o coração, salmos, hinos e cânticos espirituais" (Cl 3,16). E na carta à comunidade cristã de Éfeso, o apóstolo escreveu: "Juntos recitem salmos, hinos e cânticos espirituais, cantando e louvando ao Senhor de todo o coração. Agradeçam sempre a Deus Pai por todas as coisas, em nome de nosso Senhor Jesus Cristo" (Ef 5,19-20).

No livro do Apocalipse, em suas visões proféticas, o apóstolo João descreve as liturgias celebradas na Jerusalém celeste. As aclamações, cantadas diante do trono de Deus e do Cordeiro, certamente, eram os hinos cantados pelas primeiras comunidades cristãs em suas celebrações: "Dia e noite sem parar, eles proclamam: 'Santo, santo, santo, Senhor, Deus Todo-poderoso, Aquele-que-era, Aquele-que-é e Aquele-que--vem'" (Ap 4,8b). "E ouvi toda criatura no céu, na terra, sob a terra, no mar e todos os seres que neles vivem, proclamarem: 'Àquele que está sentado no trono e ao Cordeiro pertencem o louvor, a honra, a glória e o domínio pelos séculos dos séculos'" (Ap 5,13). Semelhantes a essas, o livro do Apocalipse traz muitas outras aclamações cantadas pelas comunidades ligadas ao apóstolo (cf. Ap 4,11; 5,9; 7,12; 11,17-18; 12,10-12; 15,3-4).

Cantados até mesmo nas catacumbas, esses hinos atestam que nem as perseguições do Império Romano calaram a fé e o canto das primeiras comunidades cristãs. Isso é confirmado pelo historiador romano Plínio, procônsul da Bitínia. No ano 112 da era cristã, ele escreveu ao Imperador Trajano a respeito dos cristãos: "Eles se reúnem antes do amanhecer e cantam a Cristo, a quem consideram como Deus".[4]

Nos primeiros séculos da Igreja, duas figuras eminentes destacaram-se na organização e formação da música e do canto na Liturgia: Santo Ambrósio (falecido no ano 397), bispo de Milão, exerceu grande influência no desenvolvimento do canto litúrgico, compondo hinos e antífonas para as diversas horas do dia e inovando um modo próprio de cantar os salmos, em dois coros. Santo Agostinho (354-430), convertido pela pregação de Santo Ambrósio, assim expressou sua emoção ao participar das celebrações na catedral de Milão: "Quanto eu chorei por teus hinos e cânticos, aos suaves acentos das vozes de tua Igreja, que me penetravam de vivas emoções. Essas vozes corriam em meus ouvidos e a verdade se destilava em meu coração; daí brotavam fervendo sentimentos de piedade e lágrimas rolavam, e isso me fazia bem ao chorar".[5]

---
[4] Caius Plinius Caecilius Secundus. Epístola X, 96, 7.
[5] Santo Agostinho. Confissões IX, 6, 14.

Feito bispo de Hipona, Santo Agostinho incentivou e promoveu o canto da assembleia cristã em sua diocese. Ele costumava dizer: "Poucas coisas são tão próprias para excitar a piedade nas almas e inflamá-las com o fogo do amor divino como o canto". De Santo Agostinho são conhecidas também outras afirmações: "Cantar é próprio de quem ama". E ainda: "Se queres saber o que cremos, vem ouvir o que cantamos", como já referimos anteriormente.

Em torno dos séculos V e VI, surge o canto gregoriano, que tem suas raízes no canto das sinagogas judaicas e nas formas melódicas dos hinos e salmos cantados nos primeiros séculos da Igreja. Com a expansão da vida monástica e a incorporação de elementos da música franco-germânica, o canto gregoriano atingiu grande desenvolvimento e, desde então, marcou profundamente a música sacra da Igreja. Seu nome é uma homenagem ao papa Gregório Magno (540-604), que o incentivou e fez uma coletânea de músicas, organizando-as em dois livros: o "Antifonário", conjunto de melodias das Horas Canônicas, e o "Gradual Romano", contendo os cantos da missa. Gregório Magno foi também um grande incentivador das *Schola Cantorum*, isto é, escolas de formação para o canto e a música na Liturgia.

O canto gregoriano tem um valor intrínseco e inestimável. É um acervo artístico e espiritual de imenso valor que devemos valorizar ainda hoje. O Concílio Vaticano II, que abriu a possibilidade e alargou o horizonte para outros gêneros de música sacra, reafirmou o valor perene do canto gregoriano: "A Igreja reconhece como canto próprio da liturgia romana o canto gregoriano; portanto, na ação litúrgica, ocupa o primeiro lugar entre seus similares. Os outros gêneros de música sacra, especialmente a polifonia, não são absolutamente excluídos da celebração dos ofícios divinos, desde que se harmonizem com o espírito da ação litúrgica".[6]

O canto gregoriano nasceu calcado sobre a língua latina. Com o desaparecimento do Latim, o repertório tradicional das melodias gregorianas ficou restrito quase que somente aos monges e ao clero. Hoje, em vários países, surgem experiências de cantar cantos gregorianos em vernáculo, com melodias compostas em estilo e tons modais próprios, o que tem possibilitado o resgate e a valorização de músicas que têm o canto gregoriano como cadência melódica e fonte de inspiração.

No final do primeiro milênio da era cristã surgiu o canto polifônico, que alcançou grande esplendor, a partir do século XVI, por obra de grandes mestres, como Pedro Luís de Palestrina e outros. A música polifônica trouxe beleza e arte às celebrações litúrgicas, como reconheceu o papa Pio XII, em sua carta encíclica sobre a música sacra: "A Igreja também teve sempre em grande honra este canto polifônico, e de bom grado admitiu-o para maior decoro dos ritos sagrados nas próprias basílicas romanas e nas cerimônias pontifícias.

---

[6] Concílio Vaticano II. Constituição dogmática *"Sacrosanctum Concilium"*, n. 116.

Com isso se lhe aumentaram a eficácia e o esplendor, porque à voz dos cantores se aditou, além do órgão, o som de outros instrumentos musicais".[7]

Contudo, devido ao elevado nível artístico de suas composições e à complexidade de sua execução, a música polifônica ficou reduzida quase que somente às solenidades maiores e às grandes basílicas e catedrais. Além disso, as obras dos mestres da polifonia sacra foram elaboradas em língua latina, acessível somente ao clero e aos monges. Assim, durante os séculos que se seguiram, a música nas celebrações litúrgicas passou a ser executada por cantores e instrumentistas, restando ao povo ouvir e se emocionar com a beleza das melodias e arranjos dos mestres.

Nos séculos que se seguiram, houve um "silenciamento" do povo nos espaços litúrgicos. A linguagem litúrgica e os cantos gregorianos eram em Latim e os cantos da polifonia sacra exigiam alto nível artístico e técnico dos corais e orquestras. Restou ao povo o espaço da piedade popular, feita de peregrinações, romarias, rezas e bênçãos. É nessa vertente que surgem hinos e cantos que passam a alimentar a fé e a piedade do povo cristão.

No final do século XIX surgiu na França, na abadia beneditina de Solesmes, um movimento de renovação bíblica e litúrgica, que se espalhou rapidamente por toda a Europa. Retornando às fontes e origens da Liturgia dos inícios da Igreja,

---

[7] Pio XII, encíclica "*Musicae Sacrae Disciplina*", n. 5, 1955.

liturgistas e teólogos resgataram a importância da música e da participação da assembleia na ação litúrgica. O Movimento Litúrgico deu suporte histórico e teológico aos documentos da Cúria Romana que, na primeira metade do século XX, traçaram os princípios e as linhas de renovação da Liturgia que foram assumidas pelo Concílio Vaticano II. Dentre esses documentos, estão o *"motu proprio"* do papa Pio X *"Tra le sollecitudini"* (1903), a Constituição Apostólica do papa Pio XI *"Divini Cultus"* (1928), a Encíclica do papa Pio XII *"Musicae Sacrae Disciplina"* (1955) e a Instrução da Sagrada Congregação dos Ritos *"Musicam Sacram"*, sobre a Música Sacra e a Sagrada Liturgia (1958).

No primeiro desses documentos, o papa Pio X já afirmava a importância da música na Liturgia: "A música sacra, como parte integrante da Liturgia, participa de seu fim geral, que é a glória de Deus e a santidade dos fiéis. A música concorre para aumentar o decoro e esplendor das sagradas cerimônias; e, assim como seu ofício principal é revestir de adequadas melodias o texto litúrgico proposto à consideração dos fiéis, assim seu fim próprio é acrescentar mais eficácia ao mesmo texto".[8]

Todo esse movimento renovador vem desaguar no Concílio Vaticano II (1962-1965). Não é por acaso que o primeiro documento oficial do Concílio foi a Constituição dogmática *"Sacrosanctum Concilium"*, sobre a Sagrada Liturgia, aprovada

---

[8] Pio X. *"Motu proprio"* sobre a música sacra *"Tra le sollecitudini"*, n. 1, 1903.

quase que por unanimidade pelos padres conciliares e promulgada no dia 4 de dezembro de 1963, no encerramento da 2ª Sessão.

A renovação litúrgica, proposta pelo Concílio Vaticano II, foi acolhida com entusiasmo pela Igreja no Brasil. Com a abertura da Liturgia para o vernáculo e a insistência na participação ativa da assembleia celebrante, surgiu o imenso desafio de criar a nova música litúrgica, capaz de substituir a tradicional e venerável música sacra em latim. Com o incentivo e o apoio da Conferência Nacional dos Bispos do Brasil, por meio da Comissão para a Liturgia e do Setor de Música Litúrgica, aconteceram, em nível nacional e regional, semanas e encontros de liturgistas e compositores visando à criação de um canto litúrgico inculturado, que respondesse à riqueza da tradição musical e orante de nosso povo. Fruto desse esforço são os quatro volumes do Hinário Litúrgico da Conferência Nacional dos Bispos do Brasil (CNBB) e o Ofício Divino das Comunidades, que vêm oferecendo um rico e valioso subsídio de músicas para os domingos, festas e solenidades do Calendário Litúrgico.

Muitas dioceses passaram a oferecer Cursos de Canto Litúrgico e Pastoral, acessíveis àqueles que se dedicam a esse ministério. Ao par disso, as editoras católicas favoreceram a divulgação de novos compositores, que trouxeram uma rica e significativa contribuição para o canto litúrgico. Com isso, os Ministérios de Animação do Canto podem usufruir hoje de um rico e variado repertório de músicas que, enraizadas em nossa tradição cultural e musical, têm enriquecido nossas celebrações e favorecido a participação de nosso povo.

3
IMPORTÂNCIA DA MÚSICA E DA PARTICIPAÇÃO DA ASSEMBLEIA

A *"Sacrosanctum Concilium"* retomou os fundamentos da perene tradição da Igreja sobre a Liturgia e apontou as linhas norteadoras para sua atualização aos novos tempos. O grande anseio do Concílio, naquele momento, foi manifestado assim pelos padres conciliares: "É desejo ardente da mãe Igreja que todos os fiéis cheguem àquela plena, consciente e ativa participação na celebração litúrgica que a própria natureza da Liturgia exige e à qual o povo cristão, raça escolhida, sacerdócio real, nação santa, povo adquirido (1Pd 2,9; cf. 2,4-5) tem direito e obrigação, por força do Batismo".[9]

Na celebração litúrgica, esse sacerdócio batismal dá-se de forma visível quando acontece a participação consciente, ativa e frutuosa de toda a assembleia. A assembleia celebrante não é um aglomerado de pessoas, mas uma comunidade convocada e congregada pelo Pai, em torno de Jesus, sob a ação do Espírito Santo. É o que expressamos com a palavra "Igreja" (do Latim: *"Ecclesia"*) que, em sua raiz etimológica, oriunda do grego e do hebraico, significa "assembleia convocada".

---

[9] Concílio Vaticano II. Constituição dogmática "*Sacrosanctum Concilium*", n. 14.

A Liturgia é sempre ação de Cristo e da Igreja. Por isso, a participação de todo o povo na ação litúrgica, também no canto e na música, é das afirmações mais constantes do Magistério da Igreja. Essa participação, segundo os padres conciliares, tem de ser plena, consciente e ativa. E, dentre todos os sinais sacramentais de participação na ação litúrgica (gestos, palavras, aclamações e símbolos), o canto é a manifestação que melhor colabora para uma verdadeira participação da assembleia, já que a música é uma das expressões mais profundas e autênticas da própria Liturgia, como afirma o mesmo Concílio Vaticano II, enfatizando que o canto e a música não são apenas "enfeites", mas constituem parte necessária e integrante da ação litúrgica: "A tradição musical da Igreja é um tesouro de inestimável valor, que se sobressai entre todas as outras expressões de arte, sobretudo porque o canto sacro, intimamente unido ao texto, constitui parte necessária e integrante da Liturgia".[10]

A Liturgia é o lugar por excelência do encontro das pessoas entre si e das pessoas com Deus. E a música favorece, promove e realiza esse encontro. O canto é caminho para o encontro entre o homem e Deus. Parafraseando Leonardo Da Vinci, o grande gênio da pintura renascentista, quando se referia à arte, podemos dizer que "a música canta o indizível, exprime o inexprimível, traduz o intraduzível". Ela tem força de

---

[10] Concílio Vaticano II. Constituição dogmática "*Sacrosanctum Concilium*", n. 112.

transformação porque toca as profundezas da alma, as fibras mais íntimas de nosso ser: "Os atos litúrgicos revestem-se de forma mais elevada quando os ofícios divinos são celebrados solenemente com canto e neles intervêm os ministros sacros e o povo participa ativamente".[11]

E a Instrução da Sagrada Congregação dos Ritos sobre a música na Sagrada Liturgia acrescenta a essa afirmação do Concílio Vaticano II: "Dessa forma a oração se exprime com maior suavidade, mais claramente se manifestam o mistério da Liturgia e sua índole hierárquica e comunitária, mais profundamente se atinge a unidade dos corações pela unidade das vozes, mais facilmente se elevam as almas pelo esplendor das coisas santas até às realidades supraterrenas, enfim, toda a celebração mais claramente prefigura aquela efetuada na celestial Jerusalém".[12]

O canto possibilita a participação pessoal e comunitária dos fiéis, favorecendo a sintonia das pessoas com o mistério celebrado. O canto cria comunidade e gera comunhão para além das diferenças de idade, cultura e idiomas, favorecendo a unidade da assembleia orante. Cantar em comum cria sintonia com aqueles que estão a nosso lado. Enquanto cantam as vozes, unem-se os corações, expressando a mesma fé e fortalecendo a fraternidade e o amor. Quem canta sai de

---

[11] Concílio Vaticano II. Constituição dogmática "*Sacrosanctum Concilium*", n. 113.
[12] "*Musicam Sacram*", n. 5. Instrução da Sagrada Congregação dos Ritos sobre a Música na Sagrada Liturgia, 1967.

seu isolamento interior e se coloca em atitude de escuta e de comunicação, renunciando a seu próprio tom de voz e ao próprio ritmo em favor da unidade do canto. "A experiência universal prova que o canto cria comunidade, liga as pessoas entre si, e mais eficazmente as põe em sintonia com o mistério, com Deus."[13]

Cantar a Liturgia é dar espaço para que nossos sentimentos e emoções pessoais se entrelacem para manifestar comunitariamente, diante do Pai, nossa alegria e nosso louvor, nosso arrependimento e nossa súplica, nosso amor a Deus e nosso amor entre nós, nossas esperanças e nossos medos, enfim, nossa necessidade de salvação, aqui e agora. Na ação litúrgica, o canto dá sentido e significado para nossos gestos e nossas palavras. A unidade das vozes manifesta a unidade da Igreja: "O canto é atividade essencialmente comunitária. A expressão musical só se realiza plenamente no contexto de uma comunidade. A comunidade faz o cantar e o cantar faz a comunidade. A Igreja expressa maravilhosamente bem sua realidade de comunhão e participação por meio do canto comunitário".[14]

Por isso é tão importante que toda a comunidade participe do canto e não apenas um cantor ou um pequeno grupo de cantores: "Nada se pode ver de mais festivo e jubiloso nas sagradas celebrações do que uma assembleia, em sua tota-

---

[13] A Música Litúrgica no Brasil, n. 6. Estudos da CNBB n. 79, 1998.
[14] A Música Litúrgica no Brasil, n. 354. Estudos da CNBB n. 79, 1998.

lidade, exprimindo sua fé e piedade por meio do canto. Por isso, a participação ativa de todo o povo, manifestada mediante o canto, deve ser cuidadosamente promovida".[15]

No Brasil, graças ao surgimento de inúmeros cursos de formação de Canto Pastoral e Litúrgico em muitas dioceses, e do incentivo e apoio de seus pastores, a participação do povo no canto litúrgico tem crescido e as celebrações vêm se tornando cada vez mais vivas e vibrantes. Essa foi a constatação de nossos bispos uma década depois do encerramento do Concílio Vaticano II: "A maior conquista da renovação litúrgica, proposta pelo Concílio Vaticano II, está sendo a participação do povo, cada vez mais ativa, consciente, plena e frutuosa".[16]

---

[15] *Musicam Sacram*", n. 16. Instrução da Sagrada Congregação dos Ritos sobre a Música na Sagrada Liturgia, 1967.
[16] Pastoral da música litúrgica no Brasil, n. 1.1.1. Documentos da CNBB n. 7, 1976.

Ministério de Animação do Canto Litúrgico

Segundo o Concílio Vaticano II, "o canto sacro, intimamente unido ao texto, constitui parte necessária e integrante da Liturgia".[17] Sendo assim, a música e o canto exercem na ação litúrgica um verdadeiro ministério: "A ação litúrgica reveste-se de uma forma mais nobre quando celebrada com canto, com os ministros em seu respectivo grau desempenhando seu ministério e com a participação do povo. Dessa forma a oração se exprime com maior suavidade, mais claramente se manifestam o mistério da liturgia e sua índole hierárquica e comunitária, mais profundamente se atinge a unidade dos corações pela unidade das vozes, mais facilmente se elevam as almas pelo esplendor das coisas santas até às realidades supraterrenas, enfim, toda a celebração mais claramente prefigura aquela efetuada na celestial Jerusalém".[18]

Portanto, o ministério do canto é exercido por toda a assembleia celebrante, de acordo com suas diferentes funções.

---

[17] Constituição dogmática "*Sacrosanctum Concilium*", n. 112.
[18] Instrução da Sagrada Congregação dos Ritos. "*Musicam Sacram*", n. 5, 1967.

Há cantos que cabem ao ministro que preside, outros ao salmista, outros ao grupo de canto e outros, enfim, a toda a assembleia. A prática pastoral ensina-nos que é sumamente importante e necessário que haja um grupo para a animação do canto nas ações litúrgicas. Por isso, a Instrução Geral do Missal Romano orienta: "Entre os fiéis, exerce sua função litúrgica o grupo de cantores ou coral. Cabe-lhe executar as partes que lhe são próprias, conforme os diversos gêneros de cantos, e promover a ativa participação dos fiéis no canto".[19]

Atualmente, em quase todas as nossas comunidades, encontramos os Grupos de Canto ou Ministérios de Música. Nós deveríamos chamá-los, mais propriamente, de "Ministérios de Animação do Canto Litúrgico", pois, sua função é exatamente esta: animar e sustentar o canto da assembleia celebrante. E essa função ministerial é de suma importância, como reafirmou o papa São João Paulo II quando escreveu no centenário do *"motu proprio"* do papa Pio X *"Tra le sollecitudini"*: "A tarefa da *'schola cantorum'* não foi diminuída; ela, de fato, desenvolve na assembleia a função de guia e sustento e, em alguns momentos da Liturgia, desempenha sua função específica".[20]

O Concílio Vaticano II deu um grande passo ao restaurar os ministérios, redescobrindo sua teologia e significado: "Todos os ministérios e serviços nascem da comunidade e a ela se destinam para sua melhor participação e crescimento es-

---
[19] Instrução Geral do Missal Romano, n. 103.
[20] João Paulo II. Quirógrafo sobre a música sacra, n. 8, 2003.

piritual e a 'edificação do Corpo de Cristo'" (Ef 4,12).[21] A partir dessa renovação, deu-se o florescimento de novos ministérios, valorizando e realçando o protagonismo dos leigos na vida e na missão da Igreja. Ajudar os fiéis a realizar o encontro com Deus e entre si é o serviço de todos aqueles que exercem algum ministério litúrgico.

Existem três tipos de ministério litúrgico: aqueles que são exercidos pelos ministros "ordenados", isto é, que receberam o sacramento da Ordem (bispos, padres e diáconos); outros são exercidos pelos ministros "instituídos" (leitor e acólito); e aqueles que são "confiados", isto é, exercidos de maneira estável ou ocasional por homens e mulheres. Nesta terceira categoria estão aqueles que cuidam do canto e da música. Quando alguém é chamado para exercer um ministério está assumindo um serviço que lhe é confiado pela Igreja. Por isso, ele deve exercer esse ministério de acordo com a orientação da Igreja. Não é um serviço para si mesmo, mas para a comunidade. Essa compreensão ajudará os Ministérios de Animação do Canto a exercerem seu serviço litúrgico com autenticidade e generosidade, seguindo as orientações da Igreja, não se deixando levar por caprichos pessoais em detrimento do bem maior da comunidade e da Igreja.

Assim, os Ministérios de Animação do Canto cumprem sua função quando fazem a assembleia participar de forma

---

[21] Pastoral da Música Litúrgica no Brasil, n. 2.2.1. Documentos da CNBB n. 7, 1976.

ativa, plena e consciente na Liturgia, conforme pede a renovação conciliar sobre a Liturgia: "Para promover uma ativa e frutuosa participação dos fiéis, trate-se de incentivar as aclamações do povo, as respostas, as salmodias, as antífonas e os cânticos, bem como as ações, os gestos e o porte do corpo. A seu tempo seja também guardado o sagrado silêncio".[22]

Essa orientação do Concílio é reafirmada por nossos bispos: "O canto nas celebrações litúrgicas deve ser a expressão comum da participação do povo. Por isso, não se torne um privilégio de apenas algumas pessoas, de um grupo coral, ou de um único cantor".[23]

Vale a pena reafirmar a Instrução da Sagrada Congregação dos Ritos sobre a importância de toda a assembleia participar no canto: "Nada se pode ver de mais festivo e jubiloso nas sagradas celebrações do que uma assembleia, em sua totalidade, exprimindo sua fé e piedade por meio do canto. Por isso, a participação ativa de todo o povo, manifestada mediante o canto, deve ser cuidadosamente promovida".[24]

Cantar sua fé é um direito da assembleia celebrante. Por isso, como parte da assembleia, é importante que o grupo de cantores esteja próximo dela, nunca em um lugar distante: "O grupo dos cantores, segundo a disposição de cada igreja,

---

[22] Concílio Vaticano II. Constituição dogmática "*Sacrosanctum Concilium*", n. 30.
[23] Pastoral da Música Litúrgica no Brasil, n. 3.1. Documentos da CNBB n. 7, 1976.
[24] Instrução da Sagrada Congregação dos Ritos. "*Musicam Sacram*", n. 16, 1967.

deve ser colocado de tal forma que se manifeste claramente sua natureza, isto é, que faz parte da assembleia dos fiéis, na qual desempenha um papel particular; que a execução de sua função se torne mais fácil; e possa cada um de seus membros facilmente obter uma participação plena na missa, ou seja, participação sacramental".[25]

Por isso os documentos da Igreja, que tratam da reforma litúrgica pós-conciliar, recomendam que as novas igrejas, ao serem construídas, reservem um lugar para o grupo de cantores próximo à assembleia: um espaço reservado, mas não distante. O Grupo de Canto faz parte da assembleia litúrgica. Sua função é prestar um serviço ministerial em favor da comunidade celebrante: "O Grupo de Canto nada mais é do que uma porção da assembleia dos fiéis que, em nome e em função dela mesma, desempenha um papel litúrgico particular. Seu melhor lugar é próximo à assembleia, não de costas para ela, voltado para o altar, em lugar visível, fora do presbitério. Dessa maneira os cantores podem desempenhar bem sua função e, mais facilmente, ter acesso à mesa eucarística".[26]

Exercer bem o serviço de animação do canto é algo que vai exigir do Animador do Canto e do Grupo de Cantores dedicação e também formação litúrgica e musical. Devemos rever nossa prática pastoral e investir na qualificação de nossos

---

[25] Instrução Geral do Missal Romano, n. 312.
[26] Fonseca, Joaquim. *Quem canta? O que cantar na Liturgia?* Editora Paulus, 2008.

cantores e instrumentistas, conforme recomendou o Concílio Vaticano II: "O tesouro da música sacra seja conservado com suma diligência. Sejam incentivadas as 'schola cantorum'... Aos compositores e aos cantores seja dada uma genuína formação litúrgica!"[27]

Alguns apontamentos para os Ministérios de Animação do Canto Litúrgico:

- A ação litúrgica é essencialmente comunitária. Da mesma forma o canto. Por isso, o canto não é exclusivo do Grupo de cantores, é do povo que celebra. O Grupo de Canto é tanto mais ministerial, quanto mais provoca a participação ativa de toda a assembleia no canto. Seu ministério na celebração litúrgica é exatamente este: dar suporte, apoio e estímulo para que o povo cante e celebre sua fé.
- Vivemos em uma sociedade do espetáculo. Todo mundo quer dar seu "show". Contudo, a Liturgia não existe para isso, não é lugar de "show". A assembleia não é plateia. Por isso, os Grupos de Canto devem tocar e cantar com a assembleia e não para a assembleia.
- O Grupo de Canto faz parte da assembleia. Não é um grupo à parte. É importante o sentimento de pertença

---

[27] Concílio Vaticano II. Constituição dogmática "*Sacrosanctum Concilium*", n. 114 e 115.

e comunhão com a assembleia celebrante. Por isso, a atitude dos membros do coral deve ser a de quem está por dentro de tudo o que acontece, de quem participa com piedade e colabora com competência. Cantores distraídos da celebração, ou cochichando quando não estão cantando, são um contratestemunho a ser evitado.

- Não somos donos da Liturgia. Ela pertence à Igreja, que a elaborou ao longo dos séculos, a partir de uma tradição milenar. Não temos o direito de fazer ou mudar as coisas conforme nossa opinião pessoal ou nosso gosto do momento.
- Como serviço ministerial, os Grupos de Canto devem se capacitar sempre mais para exercer bem seu serviço, procurando conhecer os documentos e as orientações da Igreja com relação à Liturgia e ao canto litúrgico.
- Aprender bem, e com antecedência, os cantos para motivar e animar o aprendizado da assembleia. Não deixar para aprendê-los na hora da missa.
- Manter atualizado um repertório de músicas bonitas e melodiosas para os diversos tempos litúrgicos. Contudo, é importante lembrar que a mudança constante das músicas faz com que o povo não aprenda bem nenhum canto, ficando impedido de participar com gosto e prazer, uma vez que a repetição, em matéria de música, é fundamental no aprendizado.

- Por fim, importa dizer que o Grupo de Canto deve estar bem integrado com a Equipe de Liturgia. O ideal é que se constituíssem os dois serviços em um só grupo: o Ministério da Liturgia e do Canto. Assim, os cantos poderão estar em maior sintonia com os ritos, o mistério celebrado e o tempo litúrgico, criando unidade e harmonia em toda a celebração.

Lembrando a afirmação do Concílio Vaticano II de que "a Liturgia é o cume para o qual se dirige a ação da Igreja e, ao mesmo tempo, a fonte de onde emana toda a sua força",[28] Irmã Míria escreveu: "Não se improvisa uma festa. Muito menos a celebração da ceia do Senhor. Para que ela seja de fato a festa de Deus com seu povo, é preciso prepará-la bem. Para isso, exige-se um grupo de pessoas que se reúnem não apenas para distribuir tarefas ou escolher os cantos, mas homens e mulheres imbuídos do espírito litúrgico, capacitados para exercer suas funções".[29]

---

[28] Concílio Vaticano II. Constituição dogmática "*Sacrosanctum Concilium*", n. 10.
[29] Kolling, Míria. *Sustentai com arte a louvação:* a música a serviço da Liturgia. Editora Ave Maria. São Paulo, 1982.

5

FUNÇÕES DENTRO DO MINISTÉRIO DE ANIMAÇÃO DO CANTO LITÚRGICO

Dentro do Grupo de Animação do Canto Litúrgico todos exercem corresponsavelmente sua função ministerial. Contudo, existem aqueles que assumem funções específicas e necessárias. Sobre esses, tecemos algumas observações.

a) O Animador do Canto

Diz a Instrução Geral do Missal Romano: "Convém que haja um cantor ou regente de coro para dirigir e sustentar o canto do povo. Mesmo não havendo um grupo de cantores, compete ao cantor dirigir os diversos cantos, com a devida participação do povo".[30]

A função do Animador do Canto, no contexto de uma assembleia litúrgica, é mais antiga do que se pensa: já era exercida nas sinagogas judaicas. Sua função é motivar a participação da assembleia, favorecendo a unidade das vozes: o canto da assembleia é a manifestação externa da união dos corações na fé e na caridade. Cabe também a ele orientar a escolha das mú-

---
[30] Instrução Geral do Missal Romano, n. 104.

sicas que serão executadas na celebração, para que elas sejam adequadas ao tempo, à festa e aos ritos. Por isso, o Animador do Canto deve ter adequada formação litúrgica.

É o Animador do Canto quem coordena o grupo de cantores e rege a assembleia, motivando-a para cantar. Deve ter adequada formação musical, boa voz, senso rítmico e saber comunicar-se com a assembleia. Deve estar atento ao volume de sua voz e a sua expressão corporal (postura do corpo, expressão do rosto, gestos das mãos etc.). Sua função de animação na celebração litúrgica é diferente da animação de uma festa ou de um "show". Deve ficar em um lugar visível, mas, ao mesmo tempo, discreto. Visível para que possa transmitir segurança e confiança. Discreto para nunca se transformar no centro da celebração.

Alguns apontamentos para os Animadores do Canto:

- Fazer o ensaio dos cantos antes do início da celebração, incentivando a participação da assembleia no canto, destacando sua beleza e o mistério, que é expresso por meio de sua letra. Nunca desmotivar a assembleia dizendo que o canto é difícil ou feio.
- Nunca cantar mais alto que o povo. Sua voz não pode sobressair à voz da assembleia.
- Elogiar a assembleia. Elogio faz bem a qualquer pessoa.
- A expressão facial deve ser alegre, animadora e incenti-

vadora. Não se canta apenas com a boca, mas com todo o corpo. Postura conta muito.
- Cuidar para que todos tenham acesso às letras dos cânticos. Quando necessário, anunciar para a assembleia o canto a ser executado. Fazê-lo de maneira clara e breve. A comunicação com a assembleia é sumamente importante para o bom desempenho de sua função.
- Nunca cantar de costas para o povo. Tomar uma posição que favoreça estar voltado para a assembleia e para o altar.
- Estar sempre atento ao presidente, aos ministros e ao andamento de toda a celebração.

b) O instrumentista

O papel do instrumentista na celebração é de fundamental importância. Executar um instrumento musical exige atitude espiritual, principalmente quando se trata de uma celebração litúrgica. O instrumentista é um "ministro" que está a serviço da comunidade. Não deve se impor nem dar "show". Portanto, o instrumentista, como ministro da celebração, deve estar profundamente envolvido com a ação litúrgica por sua atenção e participação. Ele tem a função de criar clima de oração e meditação. Além disso, são os instrumentos que sustentam o canto do povo, determinando a tonalidade e o ritmo em que serão cantados. Por isso os instrumentistas procurem facilitar o acompanhamento do povo, imprimindo ao canto o ritmo e a tonalidade que favoreçam a participação de todos.

Alguns apontamentos para os Instrumentistas:

- Os instrumentistas devem estar atentos ao espaço celebrativo: igrejas amplas e espaçosas comportam um volume de som mais forte, enquanto as menores exigem um volume menor, mais proporcional e adequado ao seu tamanho.
- A afinação dos instrumentos deve ser feita antes ou assim que os instrumentistas chegam ao recinto da celebração. É preciso favorecer o clima de silêncio e respeitar quem chega à igreja para fazer sua oração pessoal. Será inconcebível afinar os instrumentos durante a celebração.
- Fazer fundo musical em momentos como a proclamação das leituras ou durante a oração eucarística é sempre inoportuno. Vale aqui a orientação da Instrução Geral do Missal Romano: "A natureza das partes presidenciais exige que elas sejam proferidas em voz alta e distinta, por todos atentamente escutadas. Por isso, enquanto o sacerdote as profere, não haja outras orações nem cantos, e calem-se o órgão e qualquer outro instrumento".[31]

c) O Salmista

Por muito tempo a figura do Salmista foi desconhecida de todos nós. Com a reforma do Vaticano II, esse ministé-

---

[31] Instrução Geral do Missal Romano, n. 32.

rio litúrgico está retomando seu lugar e sua importância na ação litúrgica: o salmo é também proclamação da Palavra de Deus. Por isso merece, como as demais leituras, igual respeito e atenção.

O Salmista deve ser considerado o cantor da Palavra de Deus. Precisa ter uma boa formação bíblica, litúrgica, espiritual e musical. Cada domingo, deve-se preparar para exercer sua função, meditando e rezando o salmo que vai proclamar com seu canto. Sua função deverá ser exercida com arte e beleza, na entoação e na voz, criando sintonia espiritual com a assembleia. Deve evitar melodias rebuscadas e difíceis, favorecendo a participação da assembleia.

As melodias inspiradas no canto gregoriano se prestam muito bem para fazer do salmo um momento de profunda elevação das pessoas a Deus. As editoras católicas têm publicado partituras e melodias dos salmos de diferentes autores, que atendem à tradição musical e orante da Igreja. A Conferência Nacional dos Bispos do Brasil publicou também dois volumes com os salmos e cânticos do Ofício Divino das Comunidades.

6

DISTINÇÃO ENTRE MÚSICA LITÚRGICA E MÚSICA RELIGIOSA

Música e canto são parte integrante e necessária da Liturgia. Contudo, nem toda música ou canto são adequados para uma celebração litúrgica: "Cantar é preciso, também na Liturgia. Mas não vale cantar qualquer coisa, qualquer música de cunho religioso, qualquer música de nosso gosto e de nossa preferência. Na Liturgia cabe unicamente a música ritual. Substituir a música ritual por uma música religiosa qualquer (de cunho sentimental, devocional, catequético, querigmático ou 'conscientizador') é lesar o direito da comunidade de 'cantar a Liturgia', deixando-se moldar por ela".[32]

Como lembra o Concílio Vaticano II: "A música sacra será tanto mais litúrgica quanto mais intimamente estiver ligada à ação litúrgica, quer exprimindo mais suavemente a oração, quer favorecendo a unanimidade, quer, enfim, dando maior solenidade aos ritos sagrados. A Igreja aprova e admite no culto divino todas as formas de verdadeira arte, contanto que estejam dotadas das devidas qualidades".[33]

---
[32] Ione Buyst. *Música ritual e mistagogia*. Editora Paulus, 2008.
[33] Concílio Vaticano II. Constituição dogmática "*Sacrosanctum Concilium*", n. 112.

E aqui, infelizmente, ocorrem muitos equívocos, como reconhecem os especialistas em Liturgia e Canto: "Não são poucos os animadores de canto que, por falta de formação litúrgica, desconhecem os critérios de escolha dos cantos para uma celebração".[34]

a) Música litúrgica

O canto litúrgico não existe para animar a celebração. Ele é celebração, faz parte integrante do ato celebrativo. A partir dos documentos da Igreja que tratam dessa questão, elencamos alguns critérios que caracterizam a música litúrgica:

- A música litúrgica é música ritual, isto é, deve estar a serviço e em profunda sintonia com os ritos da ação litúrgica: ela deve expressar o que é próprio de cada momento ritual, possibilitando o mergulho no mistério celebrado e o encontro com Cristo presente na comunidade em oração. O que faz a música ser litúrgica não é um estilo musical, nem mesmo o fato de despertar sentimentos religiosos, é litúrgica porque está a serviço do rito e da palavra, e intimamente ligada à ação litúrgica que está sendo realizada.
- A música litúrgica deve possuir três características essenciais: a) santidade: ou seja, capacidade de interpretar

---

[34] A Música litúrgica no Brasil, n. 26. Estudos da CNBB n. 79, 1998.

a força do mistério da salvação e a resposta do homem; b) a beleza das formas: qualidade estética que eleva o espírito, isto é, deve ser bela; c) universalidade: expressão da unidade na legítima diversidade.[35]

• A música litúrgica expressa o mistério pascal de Cristo, de acordo com os tempos do Ano Litúrgico e suas festas. Deve levar em conta a originalidade do mistério celebrado em cada tempo e a singularidade de cada festa. Por meio de sua letra, ritmo e melodia, ela deve manifestar e desvelar o mistério pascal de Cristo, que é o centro e o eixo motivador de todas as celebrações litúrgicas, de acordo com os tempos e as festas do Ano Litúrgico.

• A música litúrgica autêntica traz consigo o selo da participação comunitária. Ela reflete o direito que todo cristão tem, por força do sacerdócio batismal, de expressar-se como assembleia celebrante que louva e agradece, suplica e oferece por Cristo, com Cristo e em Cristo, ao Pai, na unidade do Espírito Santo.

• A música litúrgica não se reduz à expressão individual e intimista, mas se alarga à dimensão comunitária e eclesial da mesma e única fé. Ela canta o "nós", exprimindo a oração da assembleia e de toda a Igreja, reunindo, em uma só voz, a diversidade das línguas, raças e culturas.

---

[35] Pio X. "*motu próprio*" *"Tra le sollecitudini"*. I. Princípios gerais, n. 2; cf. também Pio XI. *"Musicae Sacrae Disciplina"*, n. 19, 20 e 21.

- A música litúrgica está a serviço da Palavra. Sua finalidade é realçar a Palavra de Deus, emprestando-lhe sua força de expressão e motivação. Sua letra deve ser inspirada e tecida a partir de um texto bíblico, em sintonia com a Palavra proclamada na celebração, especialmente com o Evangelho. A reforma litúrgica do Concílio Vaticano II, motivando uma autêntica volta às fontes, estabeleceu como critério que os "textos da música litúrgica sejam tirados principalmente da Sagrada Escritura e das fontes litúrgicas".[36]

- Na celebração litúrgica, a música deve expressar a vida da comunidade, celebrando suas lutas, seus trabalhos, seus sofrimentos, seus sonhos e suas esperanças. Este será sempre um desafio para os compositores: "Coisa difícil, mas indispensável, será equilibrar o cunho contemplativo que os textos cantados devem ter com a mensagem de engajamento que devem transmitir. Não são admissíveis textos alienados da realidade da vida nem tampouco textos que instrumentalizam a celebração litúrgica para veicular uma ideologia".[37]

- As músicas litúrgicas devem ser originais, jamais plágio ou adaptação de letras ou melodias de cantos profanos: "Evitem-se os cantos com letras adaptadas. Além de fe-

---

[36] Concílio Vaticano II. Constituição dogmática "*Sacrosanctum Concilium*", n. 121.
[37] Pastoral da Música Litúrgica no Brasil, n. 2.1.4. Documentos da CNBB n. 7, 1967.

rir os direitos do autor, tal adaptação, por si mesma, revela a inconveniência do original que será mentalmente evocado, evidenciando empobrecimento da celebração litúrgica e desvirtuando seu sentido".[38] Como foi dito acima, sua letra deve ser inspirada em textos bíblicos e sua melodia deve favorecer a oração e a contemplação dos mistérios celebrados.

- Em sua linguagem verbal e musical, a música litúrgica deve expressar-se na cultura do povo que celebra, por meio de estilos e ritmos musicais que melhor se encaixem na variedade dos momentos rituais e dos tempos litúrgicos, favorecendo o envolvimento e a participação ativa e frutuosa dos fiéis. O canto é sempre expressão cultural, ou seja, depende da cultura de cada grupo social, de sua sensibilidade, de sua herança musical e poética. Não há cântico litúrgico se não houver poesia e melodia que façam vibrar a alma da comunidade celebrante. Toda linguagem musical é bem-vinda, desde que seja expressão autêntica e genuína da assembleia e do mistério celebrado, como afirma o Vaticano II: "O canto popular seja inteligentemente incentivado de modo que os fiéis possam cantar nas celebrações litúrgicas".[39]

---

[38] A Pastoral da Música Litúrgica no Brasil, n. 3.9. Documentos da CNBB n. 7, 1967.
[39] Concílio Vaticano II. Constituição dogmática "*Sacrosanctum Concilium*", n. 118.

- Por fim, a música litúrgica deve adequar-se à realidade da comunidade que celebra e respeitar sua sensibilidade religiosa: "Levar em consideração a assembleia celebrante, com suas possibilidades, sua riqueza e seus limites, é a primeira preocupação de uma liturgia verdadeiramente pastoral. É o caminho mais seguro para se chegar a uma celebração cheia de vida, sobretudo quando se trata de música e canto".[40]

b) Música religiosa

Quanto à música religiosa, podemos caracterizá-la com as seguintes observações:

- Ela é criada por seus autores para exprimir sentimentos e verdades religiosas. Por meio de sua letra e melodia, ajuda-nos a refletir sobre os ensinamentos de Jesus e do Evangelho, da vida de Nossa Senhora e dos santos, tomar consciência dos valores da fé cristã e de nosso chamado ao seguimento de Jesus.
- Não tem finalidade litúrgica, isto é, não foi criada em função do rito e da celebração litúrgica. Muitas delas têm função catequética, evangelizadora e, até mesmo, conscientizadora. Elas se prestam maravilhosamente bem para exercícios de piedade, encontros, retiros e momentos de oração.

---

[40] A Música litúrgica no Brasil, n. 172. Estudos da CNBB n. 79, 1998.

- O fato de não serem adequadas para as celebrações litúrgicas não significa que elas não têm significado e valor para a vida religiosa de nosso povo. Elas são importantes e necessárias e devem ser cultivadas e cantadas nos muitos e diversos momentos orantes de nossas comunidades. Não podemos, contudo, cair no erro de colocá-las nas celebrações litúrgicas só porque nos emocionam, são bonitas e animadas e, por causa disso, deixarmos de lado a música litúrgica. É importante considerar que uma música religiosa, por melhor e mais bonita que seja, não é adequada para o uso litúrgico se ela não foi composta para acompanhar o rito e o mistério que estão sendo celebrados.

Do que foi dito acima, podemos concluir que litúrgica é a música que foi criada em função da Liturgia. Deve estar em função do rito, da palavra proclamada e do tempo litúrgico. Será tanto mais litúrgica quanto mais intimamente estiver ligada à ação litúrgica. Frei Alberto Beckhäuser, liturgista e assessor da Comissão para a Liturgia da CNBB, deixou-nos o livro intitulado "Cantar a Liturgia", no qual nos ajuda a compreender o canto e a música de uma forma nova, a partir da renovação do Concílio Vaticano II.[41] Mais do que "cantar na Liturgia", trata-se de "cantar a Liturgia", valorizando o canto das chamadas "partes fixas" do ordinário da missa. Sobre este assunto, trataremos no próximo capítulo.

---

[41] Beckhäuser, Alberto. *Cantar a Liturgia*. Editora Vozes, 2004.

7

CANTOS QUE SÃO OU CONSTITUEM O RITO ORDINÁRIO DA MISSA

A estrutura ritual da missa, tal como a que temos hoje, é fruto de um longo processo de organização. As celebrações das primeiras comunidades cristãs concentravam-se na memória dos gestos e das palavras do Senhor, como ele fizera na ceia da despedida. O apóstolo Paulo, na carta aos Coríntios, ao relatar a instituição da Eucaristia, diz que ele a recebeu diretamente do Senhor, isto é, da autêntica tradição apostólica: "Com efeito, eu mesmo recebi do Senhor o que vos transmiti: na noite em que foi entregue, o Senhor Jesus tomou o pão e, depois de dar graças, partiu-o e disse: 'Isto é o meu corpo, que é para vós; fazei isto em memória de mim'. Do mesmo modo, após a ceia, também tomou o cálice, dizendo: 'Este cálice é a nova Aliança em meu sangue; todas as vezes que dele beberdes, fazei-o em memória de mim'" (1Cor 11,23-25).

Em Atos dos Apóstolos, Lucas, discípulo de Paulo, traça um breve retrato das primeiras comunidades cristãs: "Eles eram assíduos ao ensinamento dos apóstolos, à comunhão fraterna, à fração do pão e às orações" (At 2,42). "Fração do pão" era o nome que os primeiros cristãos davam à celebração da Ceia do Senhor, daquilo que hoje é a missa para nós. Como o próprio texto afirma, além da "fração do pão", esses momentos de reunião incluíam a pregação dos apóstolos e outras orações.

Aí está, em embrião, o ritual da missa, tal como temos hoje. O "ensinamento dos apóstolos", recordando gestos e palavras de Jesus, relidos à luz dos profetas e textos do Antigo Testamento, darão origem ao que chamamos hoje Liturgia da Palavra. E a "fração do pão", fazendo memória dos gestos e das palavras de Jesus na ceia da despedida, darão origem à Liturgia Eucarística.

Nas celebrações litúrgicas dos primeiros séculos da Igreja, eram cantados somente os textos rituais, que constituiam o que chamamos hoje de "ordo missae", isto é, os ritos ordinários da missa. Posteriormente, com a liberdade concedida pelo Império Romano, quando as celebrações passaram a acontecer nas grandes basílicas, surgiram cantos para acompanhar determinados ritos. Temos assim a classificação que fazemos de "cantos que são ou constituem o rito" e "cantos que acompanham o rito". Tratamos inicialmente dos "cantos que constituem o rito", elencados a seguir:

- **Nos Ritos Iniciais**: a saudação do sacerdote e a resposta da assembleia; o *"Kyrie, eleison"* ou "Senhor, tende piedade de nós" e o "Glória";

- **Na Liturgia da Palavra**: o "salmo responsorial", a "aclamação ao Evangelho" e o "Credo" ou "Símbolo dos Apóstolos";
- **Na Liturgia Eucarística**: o "Prefácio", finalizado com o "Santo", que abre a grande ação de graças, que é a Oração Eucarística, com as diversas aclamações que culminam no grande "amém" da doxologia final; o "Pai-nosso" e, por último, o Canto para a Fração do Pão, o "Cordeiro de Deus".

Os cantos que constituem o rito são mais importantes que aqueles que acompanham o rito, e não podem ser substituídos por cantos, cuja letra não seja o texto ritual. Após o Vaticano II, aconteceram inovações e experiências nem sempre adequadas e condizentes com as linhas inspiradoras do Concílio. Frente ao vazio de músicas litúrgicas, surgiram cantos que nem sempre se ativeram ao texto ritual, especialmente do rito penitencial, do "Glória" e do "Santo". Hoje, com a riqueza de cantos rituais para esses momentos, elaborados de acordo com as normas litúrgicas, devemos dar preferência a esses. A grande vantagem é que seu texto não muda e podem ser cantados de cor, facilitando a participação da assembleia.

a) *"Kyrie, eleison"* ou **"Senhor, tende piedade de nós"**

Essa aclamação suplicante, em forma de ladainha, seria um vestígio da antiga Oração Universal, recuperada desde os primeiros séculos, à qual o povo respondia com uma aclamação de louvor a Cristo, invocado como *"Kyrios"*, palavra grega que significa "Senhor", nome atribuído a Cristo Ressuscitado pelos primeiros cristãos.

Não sabemos com precisão quando foi introduzida nos ritos iniciais da missa. Talvez se deva isso ao papa Gelásio, em fins do século V. Já no século VI, não se intercalavam as invocações, somente as aclamações. Essas aclamações acabaram passando para a missa romana, no tempo do papa São Gregório Magno, na fórmula grega *"Kyrie, eleison"*, e assim permanecendo até hoje.

O número de aclamações foi variando até fixar-se a tríplice repetição, que não têm propriamente caráter penitencial. São uma doxologia, isto é, aclamações dirigidas a Cristo, que venceu o pecado do mundo e, pela ressurreição, recebeu o novo nome de *"Kyrios"*. Não é uma fórmula de invocação trinitária, como foi interpretada erroneamente por muito tempo. As três aclamações se referem tão somente a Jesus, o *"Kyrios"*.

b) "Glória"

É um hino de caráter doxológico, isto é, de louvor e glorificação. Sua fórmula foi fixada em torno do século IV, quando a Igreja, gozando de liberdade dentro do Império Romano, começou a organizar sua Liturgia e a elaborar uma teologia mais sistemática. Foi introduzido na missa romana, no século VI, para a missa do Natal. Mais tarde, o papa Símaco

(498-514) concedeu aos bispos o privilégio de cantarem o "Glória" aos domingos e festas dos mártires. A partir do século XI, o "Glória" já é considerado um hino que faz parte da missa romana, com exceção dos dias penitenciais. Atualmente, depois da reforma litúrgica que se seguiu ao Vaticano II, canta-se ou recita-se essa fórmula todos os domingos, solenidades e festas, exceto nos tempos do Advento e da Quaresma.

A estrutura literária do "Glória" é composta de três partes: o canto dos anjos na noite do Natal; o louvor a Deus Pai; e a invocação, seguida de súplicas a Cristo, aclamado como Filho unigênito do Pai e Cordeiro de Deus.

Embora faça menção ao Espírito Santo, o "Glória" não é aclamação trinitária, mas hino cristológico de glorificação e súplica ao Pai e ao Cordeiro. "O 'glória' é um hino antiquíssimo e venerável, pelo qual a Igreja, congregada no Espírito Santo, glorifica e suplica a Deus Pai e ao Cordeiro".[42] Como hino que é, deve ser sempre cantado, especialmente aos domingos, solenidades e festas.

A entoação inicial não é mais reservada a quem preside, e pode ser feita por um solista ou pelo coral. Não deve ser substituído por um canto de louvor qualquer, os chamados "glorinhas", que abreviam e enfraquecem o rico conteúdo do texto ritual, como bem enfatiza a Instrução Geral do Missal Romano: "O texto desse hino não pode ser substituído por outro".[43]

---

[42] Instrução Geral do Missal Romano, n. 53.
[43] Instrução Geral do Missal Romano, n. 53.

c) "Salmo responsorial"

O costume de se cantar o salmo após a leitura remonta aos primeiros séculos do cristianismo, prática herdada do culto da Sinagoga Judaica. O salmo responsorial, como resposta da comunidade à Palavra que Deus dirige a seu povo, faz parte integrante da Liturgia da Palavra.

Deve ser cantado de forma dialogal: o salmista entoa o refrão e, com leve aceno de mão, convida a assembleia a repeti-lo. Após cada estrofe, o refrão é cantado por toda a assembleia. Ao final, como que finalizando, o refrão poderá ser cantado duas vezes. Como parte integrante da Liturgia da Palavra, o salmo responsorial deve ser cantado do ambão, isto é, do lugar onde se proclamam as leituras. Devido a sua importância, não deve ser omitido nem substituído por um "canto de meditação" qualquer.

Os instrumentos que acompanham o canto do salmo devem ser suaves, sustentando e deixando sobressair o canto do salmista. Tambores, atabaques e instrumentos de percussão não são adequados para esse momento, que deve privilegiar a voz do salmista e a resposta da assembleia celebrante.

d) "Aclamação ao Evangelho"

A aclamação "Hallelù-Yah" (Louvai ao Senhor), que tem sua origem na liturgia judaica, ocupa lugar de destaque na tradição cristã. É uma solene e jubilosa profissão de fé cantada, aclamando Jesus que vai falar no Evangelho. É um convite ao louvor, um "viva" pascal ao Verbo de Deus, que nos dirige palavras de vida eterna. Deve ser cantada por todos, de pé, podendo acompanhar a procissão com o Evangeliário (livro dos Evangelhos), do altar para o ambão. Caso já tenha sido feita a procissão da Bíblia ou do Lecionário antes da primeira leitura, durante o canto do "aleluia", caberia bem a execução de uma dança litúrgica.

Como um grito de júbilo, a aclamação deve ser breve, densa e sonora. Por isso mesmo deve ser sempre cantada. Toda a assembleia canta o "aleluia"; o versículo ligado ao Evangelho do dia, por ter letra e melodia variáveis, pode ser cantado somente pelo solista ou pelo Grupo de Canto. Ao final da proclamação do Evangelho, pode-se repetir a aclamação como resposta ao Senhor que nos falou. As aclamações são importantíssimas para a participação do povo. Na Quaresma, o "aleluia" é substituído por outra aclamação, também ela vibrante e sonora.

e) "Credo"

A fórmula da profissão de fé, também chamada "símbolo apostólico", foi introduzida lentamente na Liturgia da missa. Chegou a Roma pelo século X, embora na Espanha já fosse recitada desde o século III. Os documentos da Igreja afirmam que não existe obrigação de se cantar o "Credo", pois não é hino nem aclamação, mas sim profissão de fé. Contudo, a Instrução Geral do Missal Romano prevê: "O símbolo deve ser cantado ou recitado pelo sacerdote com o povo aos domingos e nas solenidades; pode-se também dizer em celebrações especiais de caráter mais solene. Quando cantado, é entoado pelo sacerdote ou, se for oportuno, pelo cantor ou pelo grupo de cantores; é cantado por todo o povo junto, ou pelo povo alternando com o grupo de cantores. Se não for cantado, será recitado por todos juntos ou por dois coros alternando entre si".[44]

f) "Oração universal"

A restauração da Oração Universal foi muito oportuna na reforma litúrgica do Concílio Vaticano II: "Na oração universal ou oração dos fiéis, o povo responde de certo modo à Palavra de Deus acolhida na fé e, exercendo sua função sacerdotal, eleva preces a Deus pela salvação de todos".[45] É uma herança da tradição judaica, que gostava de acrescentar às bênçãos orações de súplicas e, desde o início do cristianismo, foram bem aceitas e praticadas. Não é preciso cantar sempre as preces, mas o canto lhes dará uma solenidade e intensidade especiais. Podem ser cantadas de vários modos, com diversas fórmulas propostas pelo Missal Romano, salientando o refrão cantado por toda a assembleia.

g) "Santo"

Tem sua origem nas Igrejas Orientais, no século II. O texto é uma colcha de retalhos de textos bíblicos. As duas primeiras

---

[44] Instrução Geral do Missal Romano, n. 68.
[45] Instrução Geral do Missal Romano, n. 69.

aclamações "santo, santo, santo, Senhor, Deus do Universo! O céu e a terra proclamam a vossa glória" são tiradas da visão que Isaías tem de Deus no Templo (cf. Is 6,1-4). A aclamação "hosana", extraída do hebraico "hoshia-na", que significa "dai-nos, Javé, a salvação", foi tirada do salmo 118 (cf. Sl 118,25). A aclamação "Bendito o que vem em nome do Senhor", também tirada do salmo 118 (cf. Sl 118,26), foi transformada pela tradição em uma aclamação messiânica, festejando e aclamando Jesus, quando de sua entrada em Jerusalém (cf. Mt 21,9).

O "Santo" é a primeira aclamação da assembleia na prece eucarística, e como hino-aclamação, deve ser cantado de maneira festiva e jubilosa, evocando a aclamação entusiasta do povo no dia de Ramos e sua manifestação gloriosa no fim dos tempos. Segundo o Apocalipse, o "Santo" é a aclamação da liturgia celeste: "Dia e noite sem parar, proclamam: 'Santo, santo, santo, Senhor, Deus Todo Poderoso, Aquele-que-era, Aquele-que-é e Aquele-que-vem'" (Ap 4,8). Como canto ritual que é, não deve ser substituído por versões que não correspondem ao texto ritual.

h) "Aclamações das orações eucarísticas"

As aclamações das orações eucarísticas, tais como as temos hoje, foram inseridas com a reforma litúrgica do Vaticano II. Sempre que possível, devem ser cantadas. Entre as diversas aclamações, ocupa lugar de destaque a aclamação memorial, logo após a narrativa da instituição da Eucaristia. O presidente canta ou diz: "Eis o Mistério da fé!" E todos aclamam, de pé, como povo ressuscitado em Cristo, proclamando sua fé e fazendo memória do mistério pascal de Cristo – sua paixão, morte, ressurreição e ascensão ao céu, aguardando sua vinda gloriosa. Não podem ser substituídas por cantos de adoração ou "benditos" que não sejam a própria aclamação ritual.

i) "Aclamação à doxologia final"

À elevação do pão e do vinho, transformados em Corpo e Sangue do Senhor, a assembleia deve aderir e prorromper com o "amém", vibrante e solene, repetido várias vezes. É o grande "amém" ao Pai, pelo Filho, no Espírito Santo, que conclui a Oração Eucarística. Essa palavra vem da raiz hebraica "hesed", que significa "fidelidade", tantas vezes atribuída a Deus pelos profetas. É a nossa resposta à fidelidade de Deus. Esse "amém" nos lembra nossa dignidade de povo sacerdotal, participando com Cristo da grande ação de graças a Deus, que é a Eucaristia. A doxologia final deve ser sempre cantada devido a seu significado e sua importância como conclusão da oração eucarística.

Santo Agostinho, lembrando que o "amém" cantado pela assembleia fazia tremer as colunas de sua catedral em Hipona, dizia: "Seu 'amém' é sua assinatura, é seu consentimento, é seu compromisso", concordando com tudo o que se proclamou ao longo da oração eucarística, que é de ação de graças pelas maravilhas de Deus, realizadas em Jesus Cristo.

j) "Pai-nosso"

A "oração do Senhor" chegou até nós por dupla tradição, conforme os evangelhos de Mateus (Mt 6,9-11) e de Lucas (Lc 11,2-4). Provavelmente, por ser a oração que Jesus ensinou aos discípulos, foi introduzida no ritual da missa romana por Santo Ambrósio (339-397), no século IV. Pode-se cantar o "Pai-nosso" em melodia simples ou gregoriana. Sendo um texto bíblico e ritual, não pode ser substituído por paráfrases ou outros textos paralelos. O "Pai-nosso" na missa não é conclusivo, e sim nos introduz ao rito da comunhão. Por isso não se diz nem se canta "amém" no final.

k) "Canto para a Fração do Pão"

Foi introduzido na missa pelo papa Sérgio, no século VIII, inspirando-se nas palavras de João Batista ao se referir a Jesus: "Eis o Cordeiro de Deus, que tira o pecado do mundo" (Jo 1,29), com acentos de glória e louvor tirados do Apocalipse, onde o Cordeiro aparece com toda a sua majestade pascal. Compete ao animador do canto ou a alguém da assembleia, e não ao sacerdote, entoar este canto.

De início, um canto em forma de ladainha, a invocação era repetida enquanto durasse o rito da Fração do Pão. No século XI, as invocações foram limitadas a três, sendo que a última conclui com o "dai-nos a paz". A Instrução Geral do Missal Romano retoma a tradição mais antiga: "Pode repetir-se o número de vezes que for preciso, enquanto durar a fração do pão".[46] Lembremo-nos de que, nos primeiros séculos da Igreja, eram consagrados pães que, nesse momento, eram partidos para serem distribuídos. Quebrar e partir grande número de pães demandava um tempo maior. Não se tinha a facilidade das hóstias modernas, que facilitam a distribuição, mas diminuíram a força simbólica do rito.

---

[46] Instrução Geral do Missal Romano, n. 63.

8

CANTOS QUE ACOMPANHAM O RITO DA MISSA

Como o nome já diz, "cantos que acompanham o rito" são aqueles cantados ao longo de um momento ritual da celebração, como as procissões de entrada e da comunhão, a preparação das oferendas e outros momentos que envolvem a movimentação da assembleia. Os cantos que acompanham o rito devem ser encerrados quando termina o rito. São necessários, mas não indispensáveis. Não devem ser prolongados desnecessariamente. São eles:

- **Nos Ritos Iniciais**: canto da procissão de entrada;
- **Na Liturgia da Palavra**: canto processional da Palavra;
- **Na Liturgia Eucarística**: canto da preparação das oferendas, canto para o rito da paz, canto da procissão da comunhão e canto da pós-comunhão;
- **Nos Ritos Finais**: canto final.

a) "Canto da procissão de entrada"

Surgiu em Roma, em torno dos séculos IV e V, introduzido pelo papa Celestino I (422-432). Com as grandes basílicas e a longa procissão que acompanhava o Papa nas liturgias romanas, o canto de entrada fazia-se necessário para preencher esse longo percurso. Conforme se expressava Santo Agostinho, o canto de entrada devia acompanhar o movimento do caminhar: "Canta e caminha!"

O Missal Romano diz: "A finalidade desse canto é abrir a celebração, promover a união da assembleia, introduzir no mistério do tempo litúrgico ou da festa e acompanhar a procissão do sacerdote e dos ministros".[47] Portanto, o canto processional tem como finalidade constituir e congregar a assembleia, introduzindo-a no mistério do tempo e da festa litúrgica a ser celebrada.

b) "Canto processional da Palavra"

As Escrituras Sagradas sempre foram tratadas com veneração pela tradição judaica e cristã, como os livros da Palavra de Deus. O rito de intronização da Palavra não faz parte do "ordo missae", isto é, do rito ordinário da missa. Contudo, nosso povo manifesta gosto e criatividade no acolhimento da Palavra com cantos, acompanhados, até mesmo, de danças e coreografias festivas. Não esqueçamos que, por meio das leituras sagradas, é o próprio Cristo, o Verbo de Deus, que fala a sua Igreja. Este canto cabe bem não somente no mês de setembro, que é o mês da Bíblia, mas também naquelas

---

[47] Instrução Geral do Missal Romano, n. 47.

celebrações quando se quer dar maior destaque à Palavra de Deus. Diferentemente da entrada do Evangeliário, que se faz na procissão de entrada da missa, nesta procissão deve ser usado o Lecionário que, depois de devidamente aclamado pela assembleia, deverá ser colocado no ambão, de onde serão proclamadas as leituras. Essas devem ser feitas sempre no Lecionário e nunca em folhetos.

c) "Canto da preparação das oferendas"

É o canto que acompanha a apresentação dos dons do pão e do vinho e de outros objetos e símbolos significativos que expressam as oferendas da vida e do trabalho da comunidade: "O canto das oferendas acompanha a procissão das oferendas e se prolonga, pelo menos, até que os dons tenham sido colocados sobre o altar. O canto pode sempre fazer parte dos ritos das oferendas, mesmo sem a procissão dos dons... Deve ser um canto condizente com a ação sagrada e com a índole do dia ou do tempo litúrgico".[48]

d) "Canto para o Rito da Paz"

O Missal Romano dá o sentido desse rito, afirmando: "Os fiéis imploram a paz e a unidade para toda a Igreja e para toda a família humana; e saúdam-se uns aos outros, em sinal de mútua caridade".[49]

---

[48] Instrução Geral do Missal Romano, n. 74 e 48.
[49] Instrução Geral do Missal Romano, n. 56.

O gesto da paz entre os cristãos é muito antigo. Em Roma, nos primeiros quatro séculos, o Rito da Paz se fazia antes da preparação dos dons sobre o altar, seguindo a recomendação de Jesus: "Se estiveres para trazer tua oferta ao altar e ali te lembrares de que teu irmão tem alguma coisa contra ti, deixa tua oferta ali diante do altar e vai primeiro reconciliar-te com teu irmão; e depois virás apresentar tua oferta" (Mt 5,23-24). Contudo, no início do século V, relacionando o Rito da Paz diretamente com a comunhão eucarística, o papa Gregório Magno colocou-o neste momento ritual: assim, antes de dirigir-se à mesa da Eucaristia, a comunidade faz um gesto de reconciliação, expressando, simbolicamente, o que rezou no "Pai-nosso": "E perdoa-nos as nossas dívidas como também nós perdoamos aos nossos devedores" (Mt 6,12).

O Rito da Paz consta de três elementos: a oração pela paz, a saudação do presidente, à qual a assembleia responde: "O amor de Cristo nos uniu", e o gesto da paz, que é facultativo. Não faz parte da tradição litúrgica entoar um canto durante a saudação. Contudo, o canto neste momento é bem aceito e valorizado por nosso povo. Se houver o canto, que não seja mera expressão de amizade, mas anúncio de que é Jesus quem traz a verdadeira paz, reconciliando-nos com Deus e com todas as pessoas, segundo as palavras do apóstolo Paulo: "Ele é nossa paz: de ambos os povos fez um só, tendo derrubado o muro da separação e suprimido em sua carne a inimizade" (Ef 2,14). Portanto, o canto para o Rito da Paz deve referir-se a Cristo, à paz do Ressuscitado. Não deve prolongar-se muito para não ofuscar o canto que acompanha o Rito da Fração do Pão, o "Cordeiro de Deus". A este sim devemos dar maior ênfase.

e) "Canto processional da Comunhão"

Acompanha o Rito da Comunhão, sendo um dos cantos mais antigos da missa romana, aparecendo já em Roma, no século IV. O Missal Romano dá o sentido desse canto: "Enquanto o sacerdote e os fiéis recebem o Sacramento, entoa-se o canto da comunhão, que exprime, pela unidade das vozes, a união espiritual dos comungantes, demonstra a alegria dos corações e realça mais a índole comunitária da procissão para receber a Eucaristia. O canto prolonga-se enquanto se ministra a comunhão aos fiéis".[50]

O canto processional da comunhão deverá corresponder ao sinal que está sendo realizado: a refeição do Corpo e do Sangue do Senhor, na alegria da fraternidade. Por isso, nesse momento, não são adequados cantos subjetivos e intimistas que enfraqueçam a dimensão comunitária do momento. Também não são apropriados cantos de adoração ao Santíssimo Sacramento pelo fato de ressaltarem apenas a fé na "presença real" de Jesus na Eucaristia e carecerem da dimensão do mistério celebrado no momento da Comunhão

---

[50] Instrução Geral do Missal Romano, n. 86.

Eucarística, que não é de adoração, mas de refeição fraterna. Na medida do possível, o canto da Comunhão esteja em consonância com o Evangelho do dia: é o momento em que a Palavra se faz Pão partilhado entre irmãos!

f) "Canto após a Comunhão"

A Instrução Geral do Missal Romano lembra a possibilidade de se entoar um salmo, hino ou refrão orante após a Comunhão: "Terminada a distribuição da Comunhão, se for oportuno, o sacerdote e os fiéis oram por algum tempo em silêncio. Se desejar, toda a assembleia pode entoar ainda um salmo ou outro canto de louvor ou hino".[51] Cabe bem neste momento um mantra ou refrão bíblico, que pode ser entoado pelo animador ou Grupo de Canto, envolvendo, aos poucos, toda a assembleia, em um clima orante, brotado do silêncio. Não cabem neste momento cantos de homenagens. Estas devem ficar para depois da oração pós-comunhão. Equilíbrio, bom senso e sensibilidade são o melhor caminho para dosar canto e silêncio, levando a assembleia ao encontro com Deus.

g) "Canto final"

Esse canto não está previsto nem faz parte dos Ritos Finais, pois, após a bênção e despedida do sacerdote com a saudação "ide em paz", a assembleia está dispensada. Mas

---

[51] Instrução Geral do Missal Romano, n. 88.

nosso povo, de certa forma, incorporou-o ao seu repertório litúrgico. Vale aqui a orientação: "Durante a saída do povo, o mais conveniente seria um acompanhamento de música instrumental. Se, em alguma ocasião, parecer oportuno um "canto final", por exemplo, o hino do padroeiro ou da padroeira em sua festa, ou um hino em honra da Mãe do Senhor em alguma de suas comemorações, que ele seja cantado com a presença de todos, logo após a bênção, antes do 'Ide em paz'".[52]

---

[52] A música litúrgica no Brasil, n. 324. Estudos da CNBB n. 79, 1998.

9
MÚSICA VOCAL E INSTRUMENTAL

Na Liturgia, além do canto vocal, os instrumentos musicais vêm se fazendo cada vez mais presentes em nossas celebrações, enriquecendo-as com arte, beleza e sonoridade. O canto é a palavra que desabrocha em melodia e ritmo, transformando nossa oração em sonoridade para o louvor de Deus. A música instrumental é extensão do corpo humano. Nesse sentido, ela é também expressão de nosso louvor, além de servir de grande apoio para o canto vocal. Contudo, na Liturgia, o que deve prevalecer é a voz humana. Os instrumentos musicais devem estar a serviço da voz, dando-lhe suporte e jamais abafando ou cobrindo o canto, pois, são as vozes que devem ser ouvidas na celebração litúrgica.

Vale recordar que os instrumentos musicais nem sempre estiveram presentes na Liturgia da Igreja. Até o século VIII, não se usava nenhum instrumento musical nas celebrações cristãs. Os instrumentos musicais eram até mesmo rejeitados porque estavam associados ao culto dos ídolos e à imoralidade dos costumes pagãos. Também o canto gregoriano, quando surgiu, em torno dos séculos V e VI, dispensava o uso de instrumentos musicais, prevalecendo o canto vocal. Somente no final do primeiro milênio da era cristã o órgão de tubos, instrumento musical desenvolvido pelos gregos, desde o século III a.C., passou a ser utilizado nas melodias gregorianas, ocupando, cada vez mais, um lugar de destaque na Liturgia da Igreja Latina.

A questão dos instrumentos musicais, nas celebrações litúrgicas, tem sido um ponto de constante desgaste em muitas comunidades, principalmente com o surgimento das "bandas". Estas, muitas vezes, têm produzido mais ruído sonoro do que expressão do sagrado. O monopólio do canto, ficando apenas para os cantores da "banda", o excesso de volume dos instrumentos e dos microfones tem provocado o "silenciamento" do povo nas celebrações litúrgicas. Além disso, o desconhecimento das orientações da Igreja quanto à Liturgia e ao canto litúrgico tem gerado atritos e desavenças em muitas comunidades. Por isso, é importante nos reportarmos aos documentos do Magistério da Igreja para tratar dessa questão.

Mesmo sob os ventos do Movimento de Renovação Litúrgica dos inícios do século XX, o magistério oficial da Igreja se manifestava bastante reticente quanto ao uso de outros instrumentos musicais que não fosse o órgão. Em seu *motu proprio* sobre a música sacra, o papa Pio X, permitindo o uso do órgão, proibia o uso do piano e de outros instrumentos considerados "fragorosos", como o tambor, o bombo, os pratos, as campainhas e semelhantes: "Posto que a música própria da Igreja é a música meramente vocal, contudo também se permite a música com acompanhamento de órgão".[53]

Algumas décadas depois, na encíclica em que traçou orientações para a música sacra, o papa Pio XII, reafirmando o uso do órgão, admite o uso do violino e de outros instrumentos de arco, mas continua reticente em relação a instrumentos que considera "profanos, barulhentos e rumorosos": "Além do órgão, há outros instrumentos que podem eficazmente vir em auxílio para se atingir o alto fim da música sacra, desde que nada tenham de profano, de barulhento, de rumoroso, coisas essas destoantes do rito sagrado e da gravidade do lugar. Entre eles vêm, em primeiro lugar, o violino e outros instrumentos musicais, principalmente de corda, tocados com arco, que podem ser usados juntamente com o órgão ou não, os quais exprimem com indizível eficácia os sentimentos de tristeza ou de alegria da alma".[54]

O Concílio Vaticano II, reafirmando a excelência do órgão na tradição musical da Igreja e o apreço que deve ter na Liturgia, alarga o horizonte para novas possibilidades: "Tenha-se em grande apreço, na Igreja Latina, o órgão de tubos, instrumento musical tradicional, cujo som é capaz de acrescentar às cerimônias do culto um esplendor extraordinário e elevar

---

[53] Pio X, "motu proprio" "*Tra le sollecitudini*", n. 14, 1903.
[54] Pio XII, encíclica "*Musicae Sacrae Disciplina*", n. 29, 1955.

poderosamente o espírito para Deus e às coisas divinas. No culto divino podem ser utilizados outros instrumentos, contanto que sejam adequados ao uso sacro, ou possam a ele se adaptar, condigam com a dignidade do templo e favoreçam realmente a edificação dos fiéis".[55]

A Instrução da Sagrada Congregação dos Ritos "*Musicam Sacram*", além de reconhecer a utilidade e a importância dos instrumentos musicais na Liturgia, apresenta também suas principais funções: "Podem os instrumentos, acompanhando o canto, sustentar as vozes, tornar mais fácil a participação e mais profundamente realizar a unidade da assembleia. O som deles, no entanto, jamais deverá cobrir as vozes, de sorte que dificulte a compreensão dos textos".[56]

A partir dessa abertura da Igreja, as celebrações litúrgicas vêm sendo enriquecidas com outros instrumentos musicais. Para isso, deve-se levar em conta a tradição e a cultura de cada povo. Entre os instrumentos musicais que prestam grande serviço ao canto litúrgico, podemos destacar:

- instrumentos de cordas: violino, violão, viola, cavaquinho;
- percussão: tambores, atabaques, pandeiros, com raízes na cultura afro-brasileira e indígena de nosso povo;
- instrumentos de sopro: as flautas, pela analogia com o órgão e pela tradição bíblica e folclórica;

---

[55] Concílio Vaticano II. Constituição dogmática "*Sacrosanctum Concilium*", n. 120.
[56] Instrução da Sagrada Congregação dos Ritos. "*Musicam Sacram*", n. 64, 1967.

- os teclados, incluindo o acordeão, de grande familiaridade nos meios populares.

Devemos preferir os instrumentos naturais e acústicos, que produzem som mais suave e harmônico, aos eletrônicos, que podem ter seu volume ampliado em caixas de som. Quando for necessário usar estes últimos, deve-se tomar grande cuidado para que não abafem a voz dos cantores e da assembleia. Os instrumentos devem ser tocados de forma adequada ao momento celebrativo e à natureza da própria assembleia. Uma coisa é fazer "show" em um palco, em ambiente aberto, fora da igreja. Outra é tocar e cantar em uma assembleia litúrgica. Devemos reafirmar o que já foi dito acima: os instrumentos musicais não podem abafar a voz da assembeia nem do grupo de canto.

10

O SILÊNCIO NA CELEBRAÇÃO LITÚRGICA

O último, mas não menos importante tema a ser tratado, é o significado e a importância do silêncio na celebração litúrgica. O encontro com o mistério e a experiência de intimidade com Deus transformam a assembleia litúrgica em "lugar sagrado", que pede de nossa parte despojamento, silêncio e abertura para o mistério: "Tira as sandálias dos pés, porque o lugar em que estás é uma terra sagrada!" (Êx 3,5).

Equivocadamente, muitos animadores do canto, até mesmo bem intencionados, acreditam que uma celebração "animada" acontece quando o som é forte e vibrante, as músicas são barulhentas e cheias de ritmo, envolvendo a assembleia com frequentes chamadas de atenção e constante movimentação: "A postura de alguns animadores e animadoras do canto nem sempre tem propiciado um clima de oração e de interiorização. Às vezes, há mais "ruído" e distração do que contemplação, escuta e louvor... Em nível de comunicação, existem alguns problemas que não favorecem a execução do canto: instalação ou regulagem inadequada do serviço de som, abuso do microfone, abafando a voz da assembleia, em uma postura de 'show', abuso do volume dos instrumentos, bandas e grupos não integrados com a equipe de celebração, sem formação e sem motivação litúrgica".[57]

Sem desmerecer o valor do ritmo, da dança e da participação ativa da assembleia, valores afirmados por todos os documentos da Igreja, como já lembramos até aqui, é preciso enfatizar também a importância e a necessidade do silêncio nas celebrações litúrgicas: "Só sabe louvar e cantar a Deus quem é capaz de silenciar o coração, de aquietar a alma e a mente, de escutar e acolher o mistério".[58]

Não se trata de um silêncio vazio, mas fecundo, que abre em nosso íntimo o espaço necessário para acolher o mistério. Sem a fecundidade do silêncio, uma celebração será esvaziada de sua essência, que é provocar, na intimidade do coração, o encontro com Deus. E a verdadeira música litúrgica cria em nós as condições favoráveis para que isso aconteça. "Quando o canto não está aí para suavizar nossa inquietude interior, é melhor que os cantores vão embora. Quando o canto não tem o valor do silêncio, mas o quebra, é melhor que nos devolvam a tranquilidade."[59]

O Concílio Vaticano II, insistindo na ativa e frutuosa participação dos fiéis, afimava também a importância do silêncio:

---

[57] A música litúrgica no Brasil, n. 25 e 28. Estudo da CNBB, n. 7, 1998.
[58] Kolling, Míria. *Sustentai com arte a louvação*: a música a serviço da Liturgia. Editora Ave Maria, 1982.
[59] Joseph Samson, maestro do coro da catedral de Dijon, na França, citado pelo monge beneditino Anselm Grün, no livro "A força espiritual da música".

"Para promover uma ativa e frutuosa participação dos fiéis, trate-se de incentivar as aclamações do povo, as respostas, as salmodias, as antífonas e os cânticos, bem como as ações, os gestos e o porte do corpo. A seu tempo seja também guardado o sagrado silêncio".[60] O silêncio deve ser especialmente valorizado em alguns momentos, como no ato penitencial, antes das orações presidenciais, após as leituras e a homilia do sacerdote, no momento da consagração e após a comunhão. O silêncio é parte integrante e importante nas celebrações litúrgicas.

Desnecessário é dizer que vivemos em um contexto de muitos barulhos, que agridem nossos tímpanos e invadem, até mesmo, o recesso de nossas casas. Temos dificuldade de fazer silêncio, colocar-nos à escuta e ouvir o que nos é falado. Contudo, para a escuta de Deus é fundamental criarmos ambiente e clima de silêncio. Por isso, é urgente resgatarmos e revalorizarmos o silêncio em nossas celebrações: "A celebração deve comportar uma revalorização do silêncio, dentro de uma Liturgia que, no espaço de poucos anos, passou de um acontecimento silencioso a uma vivência por demais sonora, cheia de palavras e música; ainda mais que o povo, às vezes, vem para a celebração depois de ter sido 'bombardeado' por um ambiente musical atordoante, ao longo do dia. Grande é a responsabilidade de encontrar um equilíbrio para esta questão".[61]

---

[60] Concílio Vaticano II. Constituição dogmática "*Sacrosanctum Concilium*", n. 30.
[61] A Música Litúrgica no Brasil, n. 326. Estudo da CNBB n. 79, 1998.

E a Instrução Geral do Missal Romano completa: "Convém que, já antes da própria celebração, se conserve o silêncio na igreja, na sacristia, na secretaria e mesmo nos lugares mais próximos, para que todos se disponham devota e devidamente para realizarem os sagrados mistérios".[62]

Criar ambiente de silêncio orante para que toda a assembleia possa fazer uma fecunda experiência de Deus é também responsabilidade dos Grupos de Animação do Canto no exercício de seu ministério. Para isso, é importante que os cantores e os instrumentistas estejam atentos a algumas práticas:

- Chegar com antecedência à igreja para preparar tudo o que é necessário: instalar e regular os microfones, afinar os instrumentos, organizar o material para os cantos etc. Evitar a todo custo que, durante a celebração, sejam feitas a afinação dos instrumentos, a equalização do som e outras ligações elétricas, que facilmente perturbam e distraem a assembleia. Cada grupo deve prever o tempo necessário para deixar tudo pronto e arrumado antes do povo chegar para a celebração.
- Colocar-se em clima de oração. Além da oração pessoal de cada um, o grupo poderia fazer um momento de oração em conjunto. Lembremo-nos de que o Grupo de Animação do Canto exerce um ministério, um servi-

---

[62] Instrução Geral do Missal Romano, n. 45.

ço em favor da Igreja e da comunidade que vai se reunir para celebrar sua fé. Deve preparar-se espiritualmente para exercer bem esse serviço.

- Acertar com a Equipe de Liturgia os últimos detalhes sobre os procedimentos necessários para que a celebração transcorra sem atropelos nem improvisações.
- Antes do início da celebração, quando parte da assembleia já se faz presente, promover breve ensaio dos cantos. Este ensaio visa o aprendizado e a participação do povo, pois, o Grupo de Animação do Canto já deve ter ensaiado tudo com antecedência. Não é momento de ensaio do Grupo, mas da assembleia.

Importa lembrar a riqueza dos mantras para criar clima propício para o encontro com o mistério. Mantras são melodias curtas, de fácil memorização que, repetidas várias vezes, acalmam as turbulências interiores e libertam a mente do estresse, cansaço e tensões. Os mantras têm sua origem ligada ao hinduísmo, ao budismo e a outras tradições religiosas do Oriente. Contudo, quando sua letra e mensagem são inspiradas nos valores do Evangelho e da fé cristã, podem ser perfeitamente usados em nossas celebrações e em nossos momentos orantes.

Há hoje uma riqueza de mantras com melodias e letras de grande beleza e profundidade mística que favorecem o clima de silêncio, meditação e oração. As editoras católicas têm inúmeras publicações e gravações. Cantados no início da celebração ou da proclamação da Palavra e da homilia do sacerdote, ou mesmo depois da comunhão eucarística, favorecem a escuta e a atenção. Deveríamos recorrer com mais frequência aos mantras. Com essa prática, podemos até mesmo evitar as deselegantes chamadas de atenção das pessoas ou, pior ainda, recorrer a orações para conseguir o silêncio da assembleia.

Concluindo

Nos útimos cinquenta anos, sob o impulso da renovação litúrgica do Concílio Vaticano II (1962-1965), houve avanços significativos com relação à música e ao canto em nossas comunidades. Resta, contudo, um longo caminho a ser percorrido. Muitos Animadores e Grupos de Canto carecem de formação litúrgica mais aprofundada e adequada capacitação para a música e o canto vocal, superando o amadorismo e a improvisação.

Música e canto são expressões de arte e, como tal, necessitam de capacitação técnica, estudo, dedicação e assiduidade. Na Liturgia, a música tem de ser executada com arte e beleza pelos instrumentistas, os cantos devem ser cantados com expressão, sonoridade e emoção. Isso nos obriga a um cuidado permanente e necessário com relação à música e ao canto, proporcionando formação litúrgica e investindo financeiramente na capacitação técnico-musical dos cantores e instrumentistas, já que eles se colocam a serviço da comunidade e exercem verdadeiro ministério litúrgico. Cuidar da música e do canto é um investimento pastoral urgente e necessário, cujos frutos serão de pronto percebidos.

Dostoiévski, em um de seus romances, "O Idiota", legou-nos uma frase de grande sentido e significado: "A beleza salvará o mundo". E Cláudio Pastro, considerado o maior artista plástico em arte sacra da atualidade, costumava dizer: "A beleza é um caminho que nos conduz ao mistério". Beleza é palavra de origem sânscrita *"Bet El Za"*, que significa: *"O lugar onde Deus brilha"*. Que nosso canto, executado com arte e beleza, conduza-nos ao encontro do mistério e transfigure-nos com o brilho da glória de Deus. Assim, nossas celebrações serão momentos de alegria, louvor e festa, ponto de partida e chegada de nossa vida cristã, "cume para o qual se dirige a ação da Igreja e, ao mesmo tempo, a fonte de onde emana toda a sua força".[63]

Encerro fazendo memória de Irmã Míria Kolling, uma vida dedicada ao canto e à música litúrgica. Ela nos deixou um livro, fruto de sua longa e profunda experiência, que citei algumas vezes neste escrito, "Sustentai com arte a louvação – a música a serviço da Liturgia" (Ed. Ave Maria, 1982). Que nosso serviço ministerial seja um agradecido compromisso a sua memória, sustentando com arte, beleza e amoroso cuidado a música e o canto em nossas celebrações litúrgicas.

---

[63] Concílio Vaticano II. Constituição dogmática *"Sacrosanctum Concilium"*, n. 10.

BIBLIOGRAFIA

Alberto Beckhäuser. *Cantar a Liturgia*. Editora Vozes, 2004.
A música litúrgica no Brasil. Estudos da CNBB n. 79 (1998).
Concílio Vaticano II. Constituição dogmática *"Sacrosanctum Concilium"*, 1963.
Instrução Geral do Missal Romano. Edições da CNBB, 2008.
Instrução da Sagrada Congregação dos Ritos sobre a música sacra e a sagrada liturgia, 1958.
Instrução da Sagrada Congregação dos Ritos *"Musicam sacram"*, 1967.
Ione Buyst; Joaquim Fonseca. *Música ritual e mistagogia*. Editora Paulus, 2008.
João Paulo II. Quirógrafo no centenário do motu próprio *"Tra le sollecitudini"*, 2003.
Joaquim Fonseca. *Quem canta? O que cantar na Liturgia?* Editora Paulus, 2008.
Joaquim Fonseca; José Weber. *A música litúrgica no Brasil 50 anos depois do Concílio Vaticano II*. Editora Paulus, 2015.
Márcio Fernando França. *A música e o canto na liturgia eucarística*. Edições "Fons Sapientiae".

Míria T. Kolling. *Sustentai com arte a louvação:* a música a serviço da Liturgia. Editora Ave Maria, 1982.

Pastoral da música litúrgica no Brasil. Documentos da CNBB n. 7, 1976.

Pio X. Motu Proprio *"Tra le sollecitudini"*, 1903.

Pio XI. Constituição apostólica *"Divini cultus"*, 1928.

Pio XII. Encíclica *"Musicae sacrae disciplina"*, 1955.